Elisabeth Bangert

Alles im Glas

EDITION XXL

Inhalt

Vorwort

Glas fasziniert die Menschen schon seit mehr als 4000 Jahren und gehört zu den ältesten von Menschenhand erzeugten Werkstoffen. Obwohl es eine solch lange Vergangenheit hat, sind seine Möglichkeiten noch nicht alle ausgeschöpft.

„Glas ist der Zauber gefrorenen Lichts." Diese Worte hat Wilhelm Wagenfels (1900–1990) über die Faszination von Glas gesagt.

Einen edlen Wein aus einem Tonkrug oder einem Becher aus Metall zu trinken, können wir uns zwar vorstellen, aber erst das Funkeln in einem edlen Glas ist Genuss pur.

Ob für einen Salat oder ein Dessert, Glasschalen sind für uns nicht mehr wegzudenken. Warum nicht auch eine Suppe aus dem Glas? Wir sind immer auf der Suche nach neuen Ideen. Wer möchte nicht seine Gäste mit einem deftigen Wurstsalat oder Chili con Carne aus einem edlen Glas verblüffen?

Ein Büfett bekommt mit Speisen in Gläsern erst eine exklusive Schönheit.

Ob ein bunter Salat, ein farbenprächtiger Cocktail, ob Currywürstchen mit Pommes oder ein Champagner-Sorbet: Alles ist erlaubt und begeistert! Überzeugen Sie sich selbst.

Ihre
Elisabeth Bangert

Ratgeber

Gläser statt Porzellan sind für Suppen, Hauptgerichte und viele andere Speisen schon ungewöhnlich! Ob auf einem perfekt gedeckten Tisch oder einem Büfett: Glas ist sehr ausdrucksstark und elegant. Mit wenig Aufwand zaubern Sie Interessantes für den Kindergeburtstag, das die Kleinen zum Probieren animiert, Verführerisches für die Party oder einfach nur so.

Glas vermittelt unseren Augen Frische sowie durch und durch einwandfreie Qualität. Selbst beim Einkaufen werden unsere Augen zum Beispiel bei verschiedenen Früchten in Gläsern verwöhnt. Eingemachtes in Gläsern kommt uns appetitlicher vor als in Dosen. Auch wenn das Etikett der Dosen noch so schön gestaltet ist.

Zum Beispiel wirkt eine einfache Eiscreme dekoriert mit Kirschen in einem Glas appetitlich und frisch.

Es gibt die vielfältigsten Möglichkeiten:

Hähnchenspieße in Erdnusssoße sind in einem Glas optimal aufgehoben und für eine Party ideal. Man kann bequem herumlaufen, genüsslich seine Spießchen essen und mit Freunden reden.

Warum denn nicht mal Olivenöl mit Erdbeeren verschenken? Im Glas sieht einfach alles interessanter aus!

Ein Avocado-Smoothie ist ein richtiger Beautydrink für „schöne Haut".

Egal welches Gericht man in Gläsern serviert, das richtige Besteck ist wichtig, damit man die Speisen z. B. auch aus hohen Gläsern bequem löffeln kann, ohne sich die Finger zu verschmieren.

Wichtig ist bei hohen Gläsern, dass ausreichend lange Löffel, am besten Latte Macchiato- bzw. Barlöffel mit langem Stiel, zur Verfügung stehen.

Gläser gibt es in allen Farben und Formen. Man sollte bei heißen Gerichten darauf achten, dass sie schon eine gewisse Hitzebeständigkeit haben.

Für heiße Suppen zum Trinken sind Thermogläser ideal. Die doppelwandigen Gläser haben den Vorteil, dass man sie anfassen kann, ohne sich die Finger zu verbrennen, und sie laufen trotz der heißen Speisen nicht an. Es gibt Thermogläser in groß und klein, mit und ohne Henkel.

Dickere Gläser sind nicht ganz so hitzeempfindlich wie dünne. Es empfiehlt sich trotzdem, dass man normale Trinkgläser für heiße Speisen vorher mehrmals heiß ausspült und die Gerichte abwechselnd in die Gläser füllt. Die Gläser erhitzen sich somit langsamer und springen nicht.

Um die verschiedenen Lagen in den Gläsern sauber und klar trennen zu können, gibt es verschiedene Methoden. Natürlich braucht man dafür auch eine ruhige Hand und etwas Geschick. Je nachdem, was man einfüllen möchte, gibt es verschiedene Hilfsmittel.

Für alle weichen und geschmeidigen Massen kann man mit dem Spritzbeutel mit einer Sterntülle sehr schöne Effekte erzielen. Für alle festen Zutaten wie z. B. Chili con Carne, dickflüssige und körnige Nahrungsmittel nimmt man am besten einen Einfülltrichter mit einer etwa 4 cm breiten Öffnung. Das Gericht fällt sauber in das Glas und der Rand wird nicht verschmiert. Nach dem Einfüllen lassen sich kleine Kleckse fast nicht mehr wegwischen, vor allem bei fetthaltigen Flecken.

Schoko-, Erdbeer- und Vanille-Eiscreme in einem Glas serviert, garniert mit einem frischen Minzblatt – richtig frisch und lecker.

Spargelcremesuppe mit Garnelen

Zutaten für 4 Personen:

Für ca. 1 l Suppe:
1 EL Margarine
1 EL Mehl
1 EL Instant Klare Fleischsuppe oder Klare Suppe
mit Suppengrün
1 Päckchen Spargelcremesuppe
1 Glas Stangen-Spargel (= 530 g)
200 ml süße Sahne
Salz, Pfeffer, Muskatnuss, gemahlen

Für die Garnelen:
½ Bund Petersilie
200 g Riesengarnelenschwänze ohne Schale
½ Ecke Kokosfett (= 10–15 g)
Salz, Pfeffer
halbierte Holz-Schaschlikspieße

Zubereitung:

1. Die Margarine in einem Topf erwärmen, das Mehl hineinsieben und mit einem Holzspatel kurz anrösten. Mit 250 ml Wasser ablöschen, damit es keine Klümpchen gibt. Mit einem Schneebesen weitere 750 ml Wasser hineinrühren.

2. Die Brühe unter ständigem Rühren mit dem Schneebesen zum Kochen bringen und den Esslöffel Klare Fleischsuppe hineinrühren.

3. Die Spargelcremesuppe mit etwas kaltem Wasser anrühren und in die kochende Brühe gießen. Kurz aufkochen lassen und den Topf von der Kochstelle nehmen.

4. Die Spargelstangen in kleinere Stücke schneiden und zusammen mit ihrer Brühe zu der Suppe geben. Die Sahne mit hineinrühren und die Suppe etwa zehn Minuten ziehen lassen. Nicht mehr kochen. Die Suppe mit Salz, Pfeffer und Muskatnuss abschmecken.

5. Die Petersilie waschen, trocken schütteln, von den Stielen zupfen und klein schneiden. Die Garnelen fünf Minuten in dem heißen Kokosfett braten und mit Salz und Pfeffer würzen. In der Petersilie rollen und auf die Spieße stecken.

6. Die Suppe am besten in hitzebeständige Gläser füllen. Mit den Garnelenspießen und Petersilie dekorieren.

Tipp

Um den Geschmack der Suppe zu verfeinern, rührt man zwei Eigelbe mit dem Schneebesen in die nicht zu heiße Suppe.

Tomatensuppe

1. Die Tomaten enthäuten, indem man den Strunk entfernt und die Unterseite kreuzförmig einritzt. Die Tomaten mit reichlich kochendem Wasser übergießen. Rollt sich die eingeritzte Haut, Tomaten aus dem heißen Wasser nehmen und mit kaltem Wasser abschrecken. Nun kann man die Haut mit einem spitzen Messer einfach abziehen.

2. Zwiebel schälen und in feine Würfel schneiden. Butterschmalz in einem Topf erhitzen. Das Dörrfleisch würfeln und zusammen mit der Zwiebel im heißen Fett dünsten. Tomaten klein schneiden, vorsichtig hinzufügen und andünsten.

3. ½ Liter Wasser zum Kochen bringen und den Esslöffel Klare Fleischsuppe hineinrühren. Die Fleischsuppe zu den angedünsteten Tomaten gießen und das Tomatenmark mit einem Schneebesen hineinrühren.

4. Die Suppe 30 Minuten bei schwacher Hitze kochen lassen und dann mit dem Pürierstab fein pürieren. Den Schmand und 100 ml Sahne in die Tomatensuppe rühren. Die Suppe mit dem Zucker, Salz und Pfeffer abschmecken.

5. Einige Scheiben Weißbrot in Würfel schneiden. Das Olivenöl in einer Pfanne erhitzen und die Brotwürfel darin unter ständigem Wenden goldbraun anrösten.

6. Die restliche Sahne steif schlagen und in einen Spritzbeutel mit Sterntülle füllen.

7. Die Gläser heiß ausspülen und abwechselnd mit der heißen Tomatensuppe füllen, damit sie nicht zerspringen. Die Suppe mit je einem Sahnetupfen und Basilikumblättern dekorieren. Dazu die Weißbrot-Croûtons reichen.

Tipp

Wer mag, kann noch zwei zerdrückte oder in kleine Würfel geschnittene Knoblauchzehen mit der Zwiebel anbraten.

Zutaten für 4 Personen:

Für ca. 1 l Suppe:
1,2 kg reife Tomaten, 1 große Zwiebel
50 g Butterschmalz, 50 g Dörrfleisch
1 EL Instant Klare Fleischsuppe
1 Dose Tomatenmark (= 140 g)
2 EL Schmand, 200 ml süße Sahne
1 TL Zucker
Salz, Pfeffer
Weißbrot, 2–3 EL Olivenöl
frische Basilikumblätter zum Dekorieren

Bärlauchsuppe

Für ca. 1 l Suppe:
2 Bund Bärlauch (= 200 g)
1 EL Instant Gemüsebrühe
2 Zwiebeln
200 g mehligkochende Kartoffeln
50 g Butterschmalz
200 ml süße Sahne
Salz, Pfeffer

Zubereitung:

1. Bärlauch waschen, Stiele entfernen und im kochenden Wasser ein paar Sekunden blanchieren. Mit einem Schaumlöffel sofort aus dem kochenden Wasser nehmen und in Eiswasser geben!

2. ½ Liter Wasser zum Kochen bringen und den Esslöffel Gemüsebrühe hineinrühren.

3. Die Zwiebeln schälen und fein würfeln. Die Kartoffeln schälen und immer in kaltes Wasser legen, damit sie nicht braun werden. Erst in dicke Scheiben und dann in Würfel schneiden. Das Butterschmalz in einem Topf erhitzen und die Zwiebel- sowie Kartoffelwürfel im heißen Fett andünsten.

4. Mit der Gemüsebrühe aufgießen, zehn Minuten kochen lassen und mit einem Pürierstab zerkleinern.

5. Den Bärlauch aus dem Eiswasser nehmen, gut ausdrücken und gegen die Fasern auf einem Küchenbrett klein schneiden. Den Bärlauch in die Brühe rühren und mit dem Pürierstab noch einmal durchmixen.

6. Die Sahne unter die Suppe rühren und mit Salz und Pfeffer abschmecken. Die Gläser heiß ausspülen und abwechselnd mit der heißen Suppe füllen, damit sie nicht zerspringen.

Tipp

Bärlauch erinnert an Knoblauch, schmeckt aber raffinierter und ist leichter verdaulich. Außerdem verursacht er viel weniger den typischen Körpergeruch, der oft nach dem Verzehr von Lauchgewächsen entsteht.

Süßkartoffelcremesuppe

Zutaten für 4 Personen:

Für ca. 1 l Suppe:
1 Zwiebel
1 Knoblauchzehe
400 g Süßkartoffeln
½ gelbe Paprikaschote
25 g Butter
1 TL gemahlener Koriander
700 ml Gemüsebrühe
4 Scheiben Blutwurst
1 TL Pflanzenöl
4 Sesamcracker
8 Blättchen Basilikum
75 g Kokoscreme
Salz, Pfeffer
Tabasco, nach Geschmack
Minze- oder Melisseblättchen, zum Bestreuen

Zubereitung:

1. Die Zwiebel und den Knoblauch schälen und fein würfeln. Die Süßkartoffeln schälen, waschen und klein schneiden. Die Paprika waschen, putzen, entkernen und ebenfalls klein schneiden.

2. Die Zwiebel in heißer Butter glasig dünsten, den Knoblauch und den Koriander dazugeben und kurz mitdünsten lassen. Die Süßkartoffeln und die Paprika hinzufügen und ca. 5 Minuten unter Rühren andünsten.

3. Mit der Gemüsebrühe aufgießen und zugedeckt ca. 30 Minuten köcheln lassen. Für die Blutwurst-Cracker die Blutwurst in Öl von beiden Seiten rasch anbraten, halbieren und jeweils 2 Hälften auf einen Cracker legen. Mit Basilikumblättchen garnieren.

4. Die Suppe vom Herd nehmen, kurz etwas abkühlen lassen und mit einem Pürierstab fein pürieren. Nochmals erhitzen, die Kokoscreme einrühren, abschmecken und in Gläser oder Schalen füllen.

5. Nach Belieben mit Tabasco beträufeln und mit Melisse- oder Minzestreifen bestreuen. Je einen Blutwurst-Cracker am Rand auflegen und die Suppe servieren.

Frische Frühlingssuppe

Zutaten für 2 Personen:

Für ca. ½ l Suppe:
1 Salatgurke
50 g Staudensellerie
1–2 Frühlingszwiebeln
½ Avocado
½ Bund Petersilie
1 Limette
¼ l Buttermilch
1 Knoblauchzehe
6 EL Instant Haferflocken, z. B.
Kölln Instant Flocken
Salz, Pfeffer, Tabasco

Zubereitung:

1. Die Gurke schälen und würfeln. Den Stauden-sellerie und die Frühlingszwiebeln putzen und grob zerkleinern. Die Avocado aushöhlen, die Petersilie waschen und die Limette auspressen.

2. Alles zusammen mit der Buttermilch, dem gepressten Knoblauch und den Haferflocken in einen Mixer geben und pürieren. Mit Salz, Pfeffer und Tabasco abschmecken.

3. Im Kühlschrank 1–2 Stunden ziehen lassen. Auf zwei Portionen verteilen und kalt servieren.

Kräutersüppchen mit Gemüse und Fischfilet

Zutaten für 4 Personen:

Für ca. 1 l Suppe:
1 Salatgurke
30 g gemischte Kräuter, z. B. Kerbel, Petersilie, Dill
1 Kästchen Kresse
500 g Joghurt, 250 ml Gemüsebrühe
2 Knoblauchzehen, 1 EL Traubenkernöl
1 unbehandelte Zitrone
Salz, Cayennepfeffer

Für die Salsa:
½ Salatgurke, 1 gelbe Tomate
1 rote Tomate, 1 Schalotte
Salz, 1 Prise Zucker
Zitronensaft, 1 geräuchertes Forellenfilet

Zubereitung:

1. Für die Suppe die Gurke schälen, halbieren, entkernen und grob würfeln. Die gemischten Kräuter waschen, trocken schütteln, abzupfen und zusammen mit der geschnitten Kresse und der Gurke in den Mixer geben.

2. Außerdem den Joghurt, die Brühe, den geschälten Knoblauch und das Öl zufügen und alles fein pürieren. Die Schale der Zitrone abreiben, den Saft auspressen und beides zur Suppe geben. Mit Salz und Cayennepfeffer würzen. Mindestens 30 Minuten kalt stellen.

3. Für die Salsa die Gurke waschen, längs halbieren, die Kerne herausschaben und die Gurke klein würfeln. Die Tomaten mit kochendem Wasser überbrühen, abschrecken, enthäuten, vierteln, entkernen und ebenfalls klein würfeln.

4. Die Schalotte schälen, fein hacken, mit den Tomaten und der Gurke in eine Schüssel geben. Gut vermengen und mit Salz, Zucker und Zitronensaft würzen.

5. Etwa 15 Minuten ziehen lassen, abschmecken und das in Stücke geteilte Forellenfilet untermengen. Die Suppe vor dem Servieren noch einmal abschmecken, auf Gläser verteilen und die Salsa daraufgeben.

Orientalische Kürbissuppe

Zutaten für 4 Personen:

Für ca. 1 l Suppe:
½ Zwiebel
1 Knoblauchzehe
1 EL Arganöl
200 g Kürbisfruchtfleisch, z. B. Muskatkürbis
100 g mehlig kochende Kartoffeln
1 ½ cm frischer Ingwer
1 TL Curry
1 Msp. Cumin
Salz, weißer Pfeffer
50 ml süße Sahne
2 EL Granatapfelkerne
Korianderblättchen, zum Garnieren

Zubereitung:

1. Die Zwiebel und den Knoblauch schälen, fein hacken und in einem Topf mit heißem Öl andünsten.

2. Das Kürbisfruchtfleisch in Stücke schneiden. Die Kartoffeln schälen, waschen, klein schneiden, mit dem Kürbis zu den Zwiebeln geben und mitdünsten.

3. Den geschälten und geriebenen Ingwer dazugeben, kurz mitdünsten und mit Curry, Cumin, Salz und Pfeffer würzen. Mit 500 ml Wasser aufgießen und zugedeckt etwa 20 Minuten leise köcheln lassen.

4. Die Suppe pürieren, durch ein Sieb streichen, die Sahne angießen und abschmecken. In Gläser füllen und mit Granatapfelkernen und Koriander garnieren.

Gazpacho

Zutaten für 4 Personen:

400 g Salatgurke, 40 ml süße Sahne
½ Bund Borretsch
2 ½ TL frisch geriebener Meerrettich
400 ml Buttermilch
½ Bund Frühsommerkräuter
2 Stangen Staudensellerie
1 Knoblauchzehe, 20 g Butterschmalz
4 Scheiben Ciabattabrot
Salz, Pfeffer

Zubereitung:

1. Die Gurke schälen, der Länge nach halbieren, entkernen und grob zerkleinern. Mit der Sahne zugedeckt zehn Minuten dünsten. Den Borretsch waschen, trocken schütteln, seine dicken Stiele entfernen, die Blätter klein schneiden und kurz mit den Gurkenstücken mitkochen.

2. Das Gemüse mit dem Meerrettich und der Buttermilch in einem Mixer fein pürieren. Mit Salz und Pfeffer abschmecken und die Gazpacho kalt stellen.

3. Die Kräuter waschen, trocken schütteln und von den Stielen zupfen. Den Staudensellerie ebenfalls waschen, die Wurzelenden und schlechte Stellen entfernen und die Stangen der Länge nach halbieren.

4. Die Knoblauchzehe ungeschält mit der Breitseite eines Messers leicht zerdrücken und in einer Pfanne mit dem Butterschmalz erhitzen. Die Brotscheiben darin von beiden Seiten goldbraun anrösten.

5. Die Gazpacho in Gläser füllen und mit den Kräutern und Selleriestangen dekorieren. Mit Trinkhalmen und den gerösteten Brotscheiben servieren.

Tipp

Dazu passen auch gegrillte Riesengarnelen oder gebratene Zanderfilet-Streifen. Man kann man die Gazpacho auch mit Kirschtomaten und etwas Cayennepfeffer dekorieren.

Gazpacho mit Spießchen

Für die Terrine:
½ rote Paprikaschote
½ gelbe Paprikaschote
½ orangene Paprikaschote
1 Stange Staudensellerie
70 g grüne Bohnen
¼ Salatgurke
100 g frischer Blattspinat
1 Bund Rucola
4 Blatt weiße Gelatine
300 g Ricotta
50 g Ziegenfrischkäse
40 g frisch geriebener Parmesan
Salz, Pfeffer
1 Spritzer Zitronensaft

Für die Gazpacho:
2 gelbe Paprikaschoten
1 Salatgurke
4 Tomaten
1 Zwiebel
1 Knoblauchzehe
4 Scheiben Weißbrot
200 ml Tomatensaft
200 ml Karottensaft
50 ml Olivenöl
50 ml Zitronensaft
1 EL Paprikapulver

Zubereitung:

1. Für die Gemüseterrine das Gemüse waschen, putzen und in kleine Würfel schneiden. In kochendem Salzwasser (bis auf die Gurke) kurz blanchieren, abschrecken und gut abtropfen lassen.

2. Den Spinat und Rucola ebenfalls waschen, putzen und in kochendem Salzwasser zusammenfallen lassen. Abschrecken, ausdrücken und fein pürieren.

3. Die Gelatine in kaltem Wasser einweichen. Den Ricotta mit dem Ziegenfrischkäse und dem Parmesan verrühren und mit Salz, Pfeffer und Zitronensaft abschmecken.

4. Die Gelatine ausdrücken, in einem Topf leicht erwärmen, schmelzen, 2 EL von dem Ricotta einrühren und zurück zu der restlichen Ricottamasse geben. Den Spinat und den Rucola unterrühren und die Gemüsewürfel ebenfalls unterheben.

5. Die Masse in eine mit Frischhaltefolie ausgekleidete Form füllen und für ca. 3 Stunden in den Kühlschrank stellen.

6. Für die Gazpacho die Paprikaschoten waschen, putzen, halbieren, entkernen und die weißen Trennwände entfernen. Die Gurke schälen, längs halbieren und entkernen. Beides grob würfeln.

7. Die Tomaten in kochendem Wasser kurz blanchieren. In Eiswasser abschrecken, enthäuten, vierteln, entkernen und klein würfeln. Die Zwiebel und den Knoblauch schälen und ebenfalls in kleine Würfel schneiden.

8. Das Weißbrot entrinden und in 4–5 EL lauwarmem Wasser einweichen. Das grob gewürfelte Gemüse, Zwiebeln, Knoblauch, Tomatenwürfel, Tomaten- und Karottensaft, ausgedrücktes Weißbrot, Zitronensaft, Paprikapulver und Olivenöl fein pürieren.

9. Sollte die Suppe zu dick sein, etwas Wasser zugeben. Bis zum Servieren (mindestens 1 Stunde) kalt stellen. Mit Salz, Zucker und Pfeffer abschmecken und in Gläser gießen.

10. Die Terrine vorsichtig stürzen, die Folie abziehen und die Terrine in 1,5 cm breite und 1,5 cm dicke Streifen schneiden. Auf Holzspieße stecken und auf den Gläsern angerichtet servieren.

Farfalle-Käse-Salat

Zutaten für 4 Personen:

Für den Salat:
400 g Hähnchenbrust, 2 EL Speiseöl, 200 g Farfalle
150 g fettarmer Schnittkäse, z. B. Leerdammer
Yoghu®, 200 g TK-Erbsen, 2 gelbe Paprikaschoten
200 g Kirschtomaten, 2 EL brauner Zucker
100 g Erdnüsse, Paprikapulver
Salz, Pfeffer aus der Pfeffermühle
frische Blattpetersilie zum
Dekorieren

Für das Dressing:
5 EL Rapsöl, 6–8 EL heller Balsamicoessig
50 ml Orangensaft, 1–2 TL Johannisbeergelee
Currypulver , Salz, Pfeffer

Zubereitung:

1. Die Hähnchenbrust unter fließend kaltem Wasser
   abwaschen, mit Küchenkrepp trocken tupfen und
   in Streifen schneiden. Mit Paprikapulver, Salz
   und Pfeffer würzen und in dem erhitzten Öl ca.
   fünf Minuten goldbraun braten.

2. Einen Topf mit Salzwasser zum Kochen bringen
   und die Nudeln nach Packungsanweisung zubereiten. In ein Sieb schütten und gut abtropfen
   lassen.

3. Den Käse in feine Streifen schneiden. Die Erbsen
   ca. fünf Minuten in Salzwasser garen. Die Paprika
   vierteln und die Kerne sowie die weiße Haut entfernen. Mit kaltem Wasser abwaschen und in
   Streifen schneiden. Die Tomaten waschen, abtrocknen und halbieren.

4. Den Zucker in einer Pfanne schmelzen. Die
   Erdnüsse grob hacken, hinzufügen und karamellisieren.

5. Für das Dressing alle Zutaten verrühren, mit
   Currypulver, Salz und Pfeffer abschmecken
   und mit den Salatzutaten mischen. Den Salat
   kurze Zeit durchziehen lassen, in Gläser füllen
   und mit Blattpetersilie dekorieren.

Bunter Nudel-Käse-Salat

Zutaten für 4 Personen:

Für den Salat:
250 g bunte Nudeln
200 g herzhafter Schnittkäse, z. B. Leerdammer
Caractère® in Scheiben
je 1 rote und grüne Paprikaschote
200 g Kirschtomaten
1 Schalotte, 1 Glas Artischockenherzen (= 425 g)
frische Basilikumblätter zum Dekorieren

Für die Vinaigrette:
6 EL heller Balsamicoessig
5 EL Walnussöl
2 EL gehackte Basilikumblätter
Honig, Salz, Pfeffer

Zubereitung:

1. Einen Topf mit Salzwasser zum Kochen bringen und die Nudeln nach Packungsanweisung zubereiten. In ein Sieb schütten und abtropfen lassen. Etwas Käse für die Dekoration zurückbehalten und den Rest in Streifen schneiden.

2. Die Paprika vierteln und die Kerne sowie die weiße Haut entfernen. Mit kaltem Wasser abwaschen und in Würfel schneiden. Die Tomaten waschen, abtrocknen und halbieren. Die Schalotte schälen und fein würfeln. Die Artischockenherzen in ein Sieb schütten, abtropfen lassen und eventuell etwas kleiner schneiden.

3. Für die Vinaigrette alle Zutaten verrühren und mit Honig, Salz und Pfeffer pikant abschmecken.

4. Die Vinaigrette mit den Salatzutaten vermischen und den Salat kurz durchziehen lassen. Nochmal mit den Gewürzen abschmecken und in Gläser füllen.

5. Den zurückbehaltenen Käse in feine Streifen schneiden, den Salat damit bestreuen und mit Basilikumblättern dekorieren.

Tipp

Schalotten haben eine längliche Form und weißes bis violettes Fleisch. Ihr Aroma ist fein, weniger scharf und eher süßlich und würzig. Deshalb sind sie roh verarbeitet im Salat die perfekte Wahl. An einem kühlen, trockenen, dunklen Ort halten sie mehrere Wochen.

Glasnudelsalat mit Papaya, Avocado, Tofu und Shrimps

Zutaten für 4 Personen:

100 g Glasnudeln
1 rote Zwiebel
1 rote Paprikaschote
1 rote Chilischote
½ Papaya
½ reife Avocado
2 EL Limettensaft
100 g Tofu
2 EL Erdnussöl
8 große Garnelen, küchenfertig
2 EL Fischsoße
2 EL Sesamsamen
2 EL Koriandergrün
1 EL helle Sojasauce
3 EL Reisessig
3 EL Sesamöl

Zubereitung:

1.) Die Glasnudeln mit kochendem Wasser überbrühen und 10 Minuten ziehen lassen. In ein Sieb gießen, gut abtropfen lassen und mit der Schere zerkleinern.

2.) Die Zwiebel schälen, halbieren und in dünne Scheiben schneiden.

3.) Die Paprika und die Chili waschen, putzen, halbieren, entkernen, die weiße Haut entfernen und das Fruchtfleisch in feine Würfel schneiden.

4.) Die Papaya und Avocado schälen, entkernen und grob würfeln. Die Avocado mit Limettensaft beträufeln.

5.) Den Tofu in Würfel schneiden. Das Erdnussöl in einer beschichteten Pfanne erhitzen und den Tofu anbraten, herausnehmen.

6.) Die Garnelen zugeben und 2–3 Minuten braten. Mit der Fischsoße ablöschen und beiseitestellen. Die Sesamsamen in einer Pfanne ohne Fett kurz anrösten.

7.) Den Koriander waschen, trocken schütteln, die Blättchen von den Stielen zupfen und fein hacken. Die Sojasauce mit dem Reisessig und dem Sesamöl verrühren.

8.) Die Glasnudeln mit der Zwiebel und mit Paprika- und Chiliwürfeln, Papaya, Avocado und Tofu vermischen, das Dressing darübergeben, mit den Sesamsamen und dem Koriander bestreuen und mit den Garnelen garniert servieren.

Express-Reis-Salat

Zutaten für 2 Personen:

250 g Express Spitzen-Langkornreis, z. B.
von Uncle Ben's
1 Bund Radieschen
je 1 kleine grüne und gelbe Paprikaschote

200 g Kirschtomaten
2 Scheiben gekochter Schinken
130 ml fertiges Joghurt-Dressing
1 Schale Kresse zum Dekorieren

Zubereitung:

1. Den Reis nach Packungsanweisung zubereiten.

2. Die Radieschen putzen, waschen und in Scheiben schneiden. Die Paprika vierteln und die Kerne sowie die weiße Haut entfernen. Mit kaltem Wasser abwaschen und würfeln. Die Tomaten waschen, abtrocknen und vierteln. Den Schinken in Streifen schneiden.

3. Das Dressing mit den Salatzutaten mischen und kurze Zeit durchziehen lassen. Den Salat in Gläser füllen und mit Kresse dekorieren.

Tipp

Mit der Schere lässt sich Kresse ganz einfach ab-schneiden. Anschließend kurz in einem Haarsieb unter kaltem Wasser ab-brausen und auf etwas Küchenkrepp ein wenig abtrocknen lassen.

Gurken-Couscous-Salat mit Käse

Zutaten für 4 Personen:

Für den Salat:
200 g Couscous
1 kleine Salatgurke, ca. 250 g
4 Tomaten
½ Bund Frühlingszwiebeln
½ Bund Minze
300 g fettarmer Schnittkäse, z. B. Leerdammer Yoghu®

Für das Dressing:
150 g Naturjoghurt
2 EL Olivenöl
1 EL Limettensaft
¾ TL Kreuzkümmel
Zucker
Salz, Pfeffer

Zubereitung:

1. Den Couscous nach Packungsanweisung zubereiten.

2. Die Gurke putzen, waschen, der Länge nach halbieren, entkernen und die Gurkenhälften in Scheiben schneiden. Die Tomaten waschen, den Stielansatz und die Kerne entfernen und das Fruchtfleisch würfeln.

3. Frühlingszwiebeln putzen, waschen und in Ringe schneiden. Minze waschen, trocken schütteln und grob hacken. Ein paar Minzblätter für die Dekoration zurückbehalten. Käse fein würfeln und mit allen anderen Salatzutaten mischen.

4. Für das Dressing den Joghurt mit dem Öl und dem Limettensaft verrühren. Mit dem Kreuzkümmel, Zucker, Salz und Pfeffer abschmecken.

5. Den Salat in Gläser füllen und mit dem Dressing beträufeln. Mit den zurückbehaltenen Minzblättern dekoriert servieren.

Tipp

Anstelle der Minze kann man den Salat auch mit gehackter Petersilie zubereiten und nach Wunsch mit gegrillten Hähnchenbrust-Streifen servieren.

Kartoffelsalat mit Schinken

Zutaten für 4 Personen:

Für den Salat:
1 kg festkochende Kartoffeln
4 EL Oliven
Meersalz, Pfeffer
2–3 EL Zitronensaft
150 g Feta
100 g Parmaschinken, in dünnen Scheiben

Für die Garnitur:
2 Zweige Thymian
2 unbehandelte Zitronen

Zubereitung:

1. Den Ofen auf 200 °C Umluft vorheizen. Die Kartoffeln gründlich waschen, halbieren oder vierteln und auf einem mit Backpapier belegten Backblech verteilen.

2. Mit dem Öl beträufeln, salzen, pfeffern, vermengen und im Ofen ca. 30 Minuten goldbraun backen. Ab und zu wenden.

3. Aus dem Ofen nehmen und abkühlen lassen. Mit dem Zitronensaft beträufeln und mit Salz und Pfeffer abschmecken.

4. Mit zerbröckeltem Feta und Schinken locker vermengen und mit Thymian und Zitronenhälften garniert servieren.

Tipp

Für Kartoffelsalat sollte man immer festkochende Kartoffelsorten verwenden. Diese bleiben wegen ihres niedrigeren Stärkegehalts beim Kochen fest und lassen sich besser in Scheiben schneiden als mehligkochende Sorten.

Wiener Kartoffelsalat

Zutaten für 6 Personen:

1 kg festkochende Kartoffeln
1 TL Instant Klare Fleischsuppe
1 Zwiebel
4 EL Essig
4 EL Öl
6 Wiener Würstchen
1 Bund Schnittlauch
250 g Cherry-Roma-Tomaten
Salz, Pfeffer

Zubereitung:

1. Die Kartoffeln waschen und in Salzwasser gar kochen. Nicht zu weich werden lassen, sonst zerfallen die Kartoffel beim Schneiden. Das Wasser abgießen, die Kartoffeln abdampfen, etwas abkühlen lassen und schälen.

2. ¼ Liter Wasser zum Kochen bringen und den Teelöffel Klare Fleischsuppe hineinrühren. Die Kartoffeln in Scheiben schneiden und sofort mit der heißen Brühe übergießen, damit die Scheiben nicht zusammenkleben. Mehrmals vorsichtig in der Brühe wenden. Die Zwiebel schälen und in feine Würfel schneiden. Wenn die Brühe aufgesaugt ist, die Zwiebelwürfel hinzufügen.

3. Für die Marinade den Essig, Salz und Pfeffer verrühren und dann das Öl hinzufügen.

4. Die Wiener Würstchen im Wasser erhitzen – nicht kochen, sie platzen sehr schnell auf. Den Schnittlauch waschen, trocken schütteln und in Röllchen schneiden. Ca. sechs Schnittlauchhalme für die Dekoration zurückbehalten. Die Tomaten waschen, abtrocknen und vierteln.

5. Die Schnittlauchröllchen zu den Kartoffeln geben. Mit der Marinade unterheben und mit Salz und Pfeffer abschmecken. Kurz vor dem Servieren die Würstchen in schräge Stücke schneiden und mit den Tomatenvierteln unter den Salat heben. Den Salat portionsgerecht in Gläser füllen und mit den zurückbehaltenen Schnittlauchhalmen dekorieren.

Tipp

Kartoffelsalat bekommt eine schöne, natürliche, gelbe Farbe, wenn man ein bis zwei Eigelbe darunterhebt. Achtung: Dazu immer ganz frische Eier verwenden!

Wurstsalat

Zutaten für 4 Personen:

700 g Lyoner, 2 Zwiebeln
150 ml Gurkenbrühe
10 kleine Essiggürkchen
3 EL Öl
250 g kleine Cherry-Rispen-Tomaten
1 Chicorée, ½ Bund Schnittlauch
2 hart gekochte Eier
Salz, Pfeffer
1 Packung Salzbrezeln (= 100 g)

Zubereitung:

1. Die Wurst in feine Streifen schneiden. Die Zwiebeln schälen, fein würfeln und zu den Wurststreifen geben. Die Gurkenbrühe über die Lyonerstreifen gießen. Die Wurst soll schön saftig sein.

2. Die Essiggurken in Scheiben schneiden und zusammen mit Salz, Pfeffer und dem Öl mit der Wurst vermischen.

3. Die Tomaten von der Rispe entfernen, waschen, abtrocknen und ganz unter den Salat mischen.

4. Den Chicorée in einzelne Blätter zerteilen, waschen und gut abtropfen lassen. Den Schnittlauch waschen, trocken schütteln und in Röllchen schneiden. Die hart gekochten Eier schälen und vierteln.

5. Die Gläser mit Chicoréeblättern auslegen und den Wurstsalat hineinfüllen. Mit Schnittlauchröllchen und je zwei Eivierteln dekorieren. Dazu knusprige Salzbrezeln reichen.

Tipp

Am besten lässt man sich beim Metzger die Lyoner gleich in etwa 4 mm dicke Scheiben schneiden. Aufeinandergestapelt sind die Scheiben schnell in feine Streifen geschnitten – frischer geht's nicht!

Eingelegte Kirschtomaten mit Mozzarella und Rucola

Zutaten für 4 Personen:

200 g Mini-Mozzarella-Kugeln
300 g Kirschtomaten
½ Bund Rucola, ersatzweise Basilikum
200–250 ml Olivenöl, Extra Vergine
Salz, Pfeffer

Zubereitung:

1. Die Mozzarella-Kugeln in ein Sieb geben und abtropfen lassen.

2. Die Kirschtomaten waschen und trocknen. Den Rucola putzen, waschen und trocken schütteln. Die Stiele etwas abschneiden.

3. In die 4 Gläser die Mozzarella-kugeln und die Tomaten mit der Rucola verteilen. Dann mit dem Öl auffüllen, über Nacht an einen kühlen Ort stellen und in maximal 2 Tagen verbrauchen.

4. Erst beim Servieren mit Salz und Pfeffer würzen.

Zutaten für 4 Personen:

Für den Salat:

1 mittelgroße Stange Lauch, ½ kleiner Eisbergsalat

200 g gekochter Schinken

200 g fettarmer Schnittkäse, z. B. Leerdammer
Lightlife®

1 Dose Mais (= 285 ml)

1 Dose Ananasstücke (= 235 ml)

1 Glas Selleriestreifen (= 190 ml)

4 hart gekochte Eier

Für das Dressing:

150 g leichte Salat-Mayonnaise

300 g Naturjoghurt, 1,5 % Fett

Salz, Pfeffer

Schichtsalat

Zubereitung:

1. Den Lauch und den Eisbergsalat putzen, waschen und abtropfen lassen. Den Lauch in feine Ringe schneiden. Den Eisbergsalat, den Schinken und den Käse in Streifen schneiden.

2. Den Mais, die Ananasstücke und die Selleriestreifen auf ein Sieb schütten und abtropfen lassen. Die Eier schälen und in Scheiben schneiden.

3. Die Mayonnaise mit dem Joghurt verrühren und mit Salz und Pfeffer würzen.

4. Alle Salatzutaten bis auf den Käse schichtweise in Gläser füllen, das Dressing darauf verteilen und mit den Käsestreifen bestreuen. Den Salat abgedeckt mehrere Stunden, am besten über Nacht, durchziehen lassen.

Tipp

Schon zu Omas Zeiten waren Schichtsalate sehr beliebt. Lassen Sie die Nostalgie aus der Salatschüssel wieder aufleben. Beim Aufschichten hat man unzählige Variationsmöglichkeiten: Mit Mungobohnen-Keimen und Mandarinen bekommt der Schichtsalat einen Hauch Exotik, wobei eine Prise Currypulver dem Salat den besonderen Kick geben kann.

Knusprige Laugenstangen mit Almkäse-Apfel-Salat

Zutaten für 4 Personen:

1 säuerlicher Apfel, ca. 130 g
1 EL Butter
2 TL Zucker
½ EL Zitronensaft
2 Laugenstangen
150 g Bergader Almkäse
2 Frühlingszwiebeln
50 g saure Sahne
½ TL scharfer Senf
1 kräftige Prise Kümmel, gemahlen
1 Schale Kresse
Salz, Pfeffer

Tipp

Man kann den Salat auch mit Kümmelstangen anrichten oder gleich die doppelte Menge zubereiten und als kleine Mahlzeit zu Pellkartoffeln und Butter servieren. Dazu reicht man dann noch ein Stück Almkäse extra.

Zubereitung:

1. Den Backofen auf 250° C (Umluft 230° C) vorheizen. Den Apfel schälen, vierteln, vom Kerngehäuse befreien und das Fruchtfleisch in kleine Würfel schneiden.

2. Die Butter in einer Pfanne bei mittlerer Hitze zerlassen, den Zucker darin schmelzen und leicht bräunen. Die Apfelwürfel darin unter Rühren zwei bis drei Minuten braten. Mit dem Zitronensaft ablöschen, leicht salzen, pfeffern und abkühlen lassen.

3. Die Laugenstangen längs halbieren und die Hälften der Länge nach jeweils in drei dünne Streifen schneiden. Den Käse in kleine Stücke schneiden. Die Frühlingszwiebeln putzen, waschen und in feine Ringe schneiden.

4. Die Käsestücke, die Apfelwürfel und die Zwiebelringe mit der sauren Sahne verrühren. Mit dem Senf, dem Kümmel, Salz und Pfeffer abschmecken. Die Kresse mit einer Schere vom Beet schneiden, kurz in einem Haarsieb unter kaltem Wasser abbrausen und auf Küchenkrepp etwas abtrocknen lassen.

5. Die Laugenstreifen auf dem Backofenrost ca. drei Minuten knusprig aufbacken. Den Salat in Gläser füllen und je drei krosse Laugenstreifen hineinstecken. Mit der Kresse dekorieren und servieren.

Sauerkraut mit Weißwurst und Salzbrezel

Zutaten für 4 Personen:

1 Zwiebel
20 g Butterschmalz
600 g Sauerkraut (Dose)
100 ml Gemüsebrühe
ca. 100 ml trockener Weißwein
Salz
1 TL zerstoßener Kümmel
1 Lorbeerblatt
2 Wacholderbeeren
4 Weißwürste
4 Salzstangen
Petersilie, zum Garnieren
4 Salzbrezeln
Süßer Senf, nach Belieben

Zubereitung:

1. Die Zwiebel schälen, fein würfeln und in einem Topf mit dem Butterschmalz andünsten.

2. Das Sauerkraut zugeben, mit Gemüsebrühe und Weißwein aufgießen und salzen.

3. Den Kümmel, das Lorbeerblatt und die Wacholderbeeren in einem Gewürzsäckchen zugeben und auf kleiner Flamme etwa eine halbe Stunde kochen.

4. Die Weißwürste in einem Topf mit Wasser 5 Minuten erwärmen, herausnehmen, die Haut abziehen und in Scheiben schneiden. Jeweils drei Scheiben auf eine Salzstange stecken.

5. Das Sauerkraut in Gläsern anrichten, mit Petersilie garnieren und die Salzstange mit den Weißwurststücken darüberlegen.

6. Salzbrezel und süßen Senf nach Belieben dazu reichen.

Geflügel-Spargel-Cocktail

Zutaten für 6 Personen:

600 g Spargelköpfe
1 EL Margarine
400 g Hähnchenbrustfilet
5 EL Öl
500 g Erdbeeren
1 Schale Kresse
½ TL Senf
3 EL Essig
Salz, Pfeffer
Zucker
schwarzer Pfeffer aus der Mühle

Tipp

Wenn man keine Zeit hat,
um aus dem Spargelwasser
eine Suppe zuzubereiten,
kann die Brühe auch sehr
gut eingefroren werden.

Zubereitung:

1. Die Spargelköpfe waschen, wenn nötig schälen und die Enden abschneiden. Zwei Liter Wasser mit je einem Teelöffel Zucker und Salz sowie mit der Margarine zum Kochen bringen. Die Spargelköpfe etwa fünf Minuten kochen. Darauf achten, dass sie schön knackig bleiben und nicht zu weich werden. In ein Sieb schütten und dabei das Spargelwasser auffangen. Es eignet sich sehr gut für eine Spargelsuppe.

2. Das Hähnchenbrustfilet unter kaltem, fließendem Wasser abwaschen, mit Küchenkrepp trocken tupfen, in Streifen und dann in Würfel schneiden. Zwei Esslöffel Öl in einer Pfanne erhitzen. Die Fleischwürfel rundherum etwa fünf Minuten durchbraten und mit Salz und Pfeffer würzen. Je feiner die Würfel sind, desto schneller sind sie durchgebraten. Sofort aus der Pfanne nehmen, damit sie nicht nachgaren und trocken werden.

3. Die Erdbeeren waschen, putzen, vierteln und mit dem schwarzen Pfeffer aus der Mühle würzen. Die Kresse mit einer Schere vom Beet schneiden, kurz in einem Haarsieb unter kaltem Wasser abbrausen und auf Küchenkrepp etwas abtrocknen lassen.

4. Den Senf in dem Essig auflösen und mit Salz, Pfeffer und Zucker würzen. Zum Schluss das restliche Öl hineinrühren. Die Soße über die Spargelköpfe gießen und vorsichtig vermengen.

5. Alle vorbereiteten Zutaten in Gläser schichten. Zuerst die Fleischwürfel in die Gläser geben. Darüber den Spargel mit den Erdbeeren verteilen und die Kresse darüber streuen.

Schweinegeschnetzeltes „Asiatisch"

Zutaten für 6 Personen:

85 g chinesische Mie-Nudeln
250 g Baby-Karotten
1 kleine Stange Lauch
200 g frische Mungobohnensprossen
1 Dose Ananasstücke (= 580 g)
1 EL Raps-Öl
600 g Schweinegeschnetzeltes
6 EL Ketchup
2 EL Sojasoße
Salz, Pfeffer

Außerdem:
½ Bund Petersilie zum
Dekorieren
1 Packung Krabben-Snack-
Chips (= 50 g)

Zubereitung:

1. Einen Topf mit Salzwasser zum Kochen bringen und die Nudeln nach Packungsanweisung vorkochen. In ein feines Sieb schütten und abtropfen lassen.

2. Die Baby-Karotten in kochendem Salzwasser gut fünf Minuten blanchieren und in ein Sieb schütten. Die Karotten sollten noch knackig sein.

3. Den Lauch der Länge nach in feine, ca. 5 cm lange Streifen schneiden. Die Lauchstreifen und die Mungobohnensprossen waschen und auf etwas Küchenkrepp trocknen lassen.

4. Die Ananasstücke in ein Sieb schütten, abtropfen lassen und den Saft auffangen.

5. Das Raps-Öl in einer tiefen Pfanne oder im Wok erhitzen. Das Geschnetzelte darin rundherum kräftig anbraten und mit Salz und Pfeffer würzen. Das Geschnetzelte etwas an den Rand schieben, die Karotten in die Mitte geben, kurz anbraten, unter das Fleisch mischen und wieder an den Rand schieben. So weiter verfahren mit dem Lauch, den Ananasstücken, den Nudeln und zum Schluss mit den Mungobohnensprossen.

6. 150 ml von dem aufgefangenen Ananassaft mit dem Ketchup verrühren und in die angebratenen Zutaten rühren. Aufkochen und mit der Sojasoße abschmecken.

7. Die Petersilie waschen, trocken schütteln und von den Stielen zupfen. Das Schweinegeschnetzelte in Gläsern anrichten und mit Petersilie dekorieren. Dazu Krabben-Snack-Chips reichen.

Chili con Carne

Zubereitung:

1. Das Kokosfett in einer großen Pfanne erhitzen. Die Zwiebel schälen, fein würfeln und im heißen Fett glasig dünsten. Das Hackfleisch hinzufügen und krümelig anbraten.

2. Die Knoblauchzehen schälen und durchgepresst oder fein gewürfelt zum Hackfleisch geben. ¼ Liter Wasser zum Kochen bringen, den Esslöffel Soße zum Braten hineinrühren und die Brühe sofort über das Hackfleisch gießen. Das Tomatenmark unter das Hackfleisch rühren und zehn Minuten köcheln lassen.

3. Die Paprika vierteln und die Kerne sowie die weiße Haut entfernen. Mit kaltem Wasser abwaschen, in kleine Stücke schneiden und unter das Hackfleisch mischen.

4. Die Tomaten enthäuten, indem man den Strunk entfernt und die Unterseite kreuzförmig einritzt. Die Tomaten mit reichlich kochendem Wasser übergießen. Wenn sich die eingeritzte Haut rollt, die Tomaten aus dem heißen Wasser nehmen und mit kaltem Wasser abschrecken. Jetzt kann man die Haut mit einem spitzen Messer einfach abziehen. Anschließend die gehäuteten Tomaten in kleine Stücke schneiden.

5. Die Kidneybohnen und den Mais in ein Sieb schütten, kalt abspülen, abtropfen lassen und dem Chili hinzufügen.

6. Nach weiteren zehn Minuten die Tomatenstücke unterheben und mit Salz, Pfeffer und Chili-Würzer je nach Belieben abschmecken. Das Chili nochmal kurz aufkochen lassen.

7. Für den Dip die beiden Frischkäsesorten mit der Milch glatt rühren. Den Schnittlauch waschen, trocken schütteln, in Röllchen schneiden und unter die Frischkäsemasse heben.

8. Die Petersilie und den Schnittlauch waschen und trocken schütteln. Die Petersilie grob hacken und den Schnittlauch in Röllchen schneiden. Die Petersilie beim Einfüllen in die Gläser zwischen das Chili streuen. Die Gläser mit je einem Tortilla-Chip dekorieren und mit Schnittlauchröllchen bestreuen. Dazu den Dip und die restlichen Tortilla-Chips reichen.

Zutaten für 6 Personen:

2 Ecken Kokosfett, ca. 50 g
1 große Zwiebel
500 g gemischtes Hackfleisch
2 Knoblauchzehen
1 EL Instant Soße zum Braten
1 Dose Tomatenmark (= 140 g)
2 grüne Paprikaschoten
500 g Tomaten
1 Dose Kidneybohnen (= 400 g)

1 Dose Mais (= 400 g)
½ Bund Petersilie
Salz, Pfeffer
Chili-Würzer
1 Bund Schnittlauch zum
Dekorieren
1 Packung Tortilla-Chips
(= 125 g)

Für den Dip:
200 g Frischkäse
70 g Frischkäse mit Kräutern
der Provence
100 ml Milch
1 Bund Schnittlauch

Currywürstchen mit Pommes

Zutaten für 4 Personen:

1 kg Pflanzenfett
1,2 kg vorwiegend festkochende Kartoffeln
2 Gläser Mini-Würstchenkette à 380 g
Salz

Außerdem:
Ketchup, Currypulver

Zubereitung:

1.) Das Fett in einem ausreichend großen Topf oder einer Fritteuse auf ca. 180 °C erhitzen.

2.) Die Kartoffeln schälen und in Stäbchen schneiden. Alternativ zum Pommesschneider kann man die Kartoffeln mit einer Brotmaschine in ca. 1 cm dicke Scheiben und dann in Stäbchen schneiden. Die Stäbchen in kaltes Wasser legen, damit sie nicht braun werden.

3.) Die Kartoffelstäbchen auf etwas Küchenkrepp ausbreiten und gut trocknen. Portionsweise im heißen Fett je fünf Minuten nacheinander vorbacken, mit einem Schaumlöffel herausnehmen und auf etwas Küchenkrepp abtropfen lassen. Die Kartoffelstäbchen nicht auf einmal in das heiße Fett geben! Das Fett erkaltet sonst zu schnell und die Stäbchen saugen sich damit voll.

4.) Das Fett wieder auf 180 °C erhitzen. Inzwischen die Würstchen im Wasser erhitzen – nicht kochen, sie platzen sehr schnell auf.

6.) Ist das Fett heiß, die vorgebackenen Pommes wieder portionsweise weitere 5 Minuten knusprig frittieren. Mit dem Schaumlöffel herausnehmen und auf etwas Küchenkrepp das überflüssige Fett aufsaugen lassen. Die Pommes in eine Schüssel füllen und mit Salz je nach Geschmack würzen.

7.) Die Pommes und Würstchen in Gläsern arrangieren, mit Ketchup und Currypulver anrichten.

Hackbällchen auf Tomaten-Gurken-Salat

Zutaten für 4 Personen:

Für die Hackbällchen:
¼ Zwiebel
½ Knoblauchzehe
1 Stängel Petersilie
200 g gemischtes Hackfleisch
Salz
Pfeffer, aus der Mühle
1 Msp. mittelscharfer Senf
1 TL geriebener Parmesan
1 EL Olivenöl

Für den Tomaten-Gurken-Salat:
¼ Salatgurke
2 Tomaten
¼ gelbe Paprikaschote
1 TL gehackte Basilikumblätter
1 EL Olivenöl, kaltgepresst
1 TL Apfelessig
Salz, Pfeffer

Zubereitung:

1. Die Zwiebel schälen und fein würfeln. Den Knoblauch schälen und fein hacken. Die Petersilie waschen, trocken schütteln und hacken.

2. Das Hackfleisch mit dem Senf, der Petersilie, der Zwiebel, dem Knoblauch und dem Parmesan mischen und mit Salz und Pfeffer würzen.

3. Aus der Hackfleischmasse kleine Bällchen formen und in einer heißen Pfanne mit Öl rundherum goldbraun braten.

4. Die Gurke schälen, halbieren, entkernen und in kleine Würfel schneiden. Die Tomaten und Paprika waschen, halbieren, entkernen und ebenfalls in kleine Würfel schneiden. Gurke, Paprika, Tomaten, Basilikum, Olivenöl, Apfelessig, Salz und Pfeffer vermischen.

5. 5 Minuten ziehen lassen, dann in kleine Gläser füllen und mit je einem Hackbällchen angerichtet als kleine Vorspeise servieren.

Garnelen-Avocado-Tatar

Zutaten für 4 Personen:

2 reife Avocados
1 Knoblauchzehe
Saft 1 Limette
4 EL Olivenöl
1 EL gehacktes Koriandergrün
2 EL frisch gehackte Petersilie
400 g Garnelen, in Lake, aus
dem Kühlregal
Salz, Pfeffer
1 Prise Cayennepfeffer

Zubereitung:

1. Die Avocados halbieren, den Kern entfernen, das Fruchtfleisch aus der Schale drücken und in kleine Würfel schneiden.

2. Knoblauch schälen und fein hacken. Die Avocadowürfel mit Limettensaft, Öl, Salz, Pfeffer, Kräutern, Cayennepfeffer, Knoblauch und den abgetropften Garnelen mischen, abschmecken und nach Belieben in Gläsern servieren.

Hähnchenspieße
mit Sprossensalat

Zutaten für 4 Personen:

4 Hähnchenbrustfilets, à ca. 100 g
2 EL Honig
2 EL Sesamsamen
4 EL Fischsauce
dunkle Sojasauce
400 g chinesische Eiernudeln
2–3 EL Chilisauce, süßsauer
1 kleiner Eisbergsalat
200 g Sojasprossen
3 EL Sesamöl

Zubereitung:

1.) Die Hähnchenbrüste waschen, trocken tupfen und in kleine Stücke schneiden. Den Honig mit dem Sesam, der Fischsauce und 2–3 EL Sojasauce verrühren und mit den Hähnchenwürfeln vermengen.

2.) Abgedeckt etwa 1 Stunde marinieren. Anschließend auf kleine Holzspieße stecken. Die Eiernudeln in kochendem Wasser mit 2 EL Sojasauce bissfest kochen. Abgießen, abtropfen lassen und mit der Chilisauce vermengen.

3.) Die Sprossen kurz mit heißem Wasser übergießen, abgießen, abschrecken und gut abtropfen lassen.

4.) Den Salat waschen, putzen und in Streifen schneiden. Auf die Gläser verteilen und darauf die Nudeln geben. Mit den Sprossen abschließen. Die Hähnchenwürfel aus der Marinade nehmen und auf Holzspießchen stecken.

5.) Im heißen Öl 2–3 Minuten anbraten und dekorativ über die Gläser legen. Die restliche Marinade in der Pfanne kurz erhitzen, über die Spieße auf den Salat träufeln und servieren.

Salat mit Wachtelbohnen und Salamistreifen

Zutaten für 4 Personen:

125 g getrocknete Wachtelbohnen
1 Zweig Rosmarin
Salz
100 g Feldsalat
50 g Friséesalat
50 g Salami
1 Knoblauchzehe
1 kleine gekochte Kartoffel
1 EL Olivenöl
1 Beutel Knorr Salatkrönung Italienische Art

Zubereitung:

1. Die Bohnenkerne über Nacht in kaltem Wasser einweichen.

2. Die Bohnen abgießen, mit frischem Wasser bedeckt aufkochen, den Rosmarinzweig zugeben und etwa 1 ½ Stunden bei schwacher Hitze kochen; nach etwa einer Stunde mit 1 Prise Salz würzen. Die Bohnen in einem Sieb abgießen, abtropfen und abkühlen lassen.

3. Inzwischen die Salate putzen, waschen und trocken schleudern. Die Salami in Streifen schneiden, den Knoblauch schälen und fein würfeln.

4. Die Kartoffel mit einer Gabel sehr gründlich zerdrücken, nach und nach 100 ml Wasser und Olivenöl zugeben. Den Knoblauch und den Beutelinhalt Salatkrönung Italienische Art unterrühren.

5. Die Bohnen, den Salat und die Salamistreifen in Schälchen oder Gläser geben, das Dressing darüber verteilen und den Salat sofort servieren.

Gegrillte Jakobsmuschel
mit Avocadodip

Für den Dip:
1 Knoblauchzehe
1 reife Avocado
1 EL Mayonnaise, 1 EL Crème fraîche
1 TL Limettensaft
1 Prise Zucker
einige Tropfen Tabasco
Salz, weißer Pfeffer

Außerdem:
4 Jakobsmuscheln, ausgelöst (ohne Rogen)
Vanillesalz
Sojaöl, zum Einpinseln (oder Butter zum Braten)

Zubereitung:

1. Für den Avocadodip die Knoblauchzehe schälen und durchpressen.

2. Die Avocados längs halbieren, den Stein heraus- lösen und das Fruchtfleisch mit einem Löffel aus der Schale heben. Das Fruchtfleisch zusammen mit dem Knoblauch, dem Limettensaft, der Ma- yonnaise und der Crème fraîche fein pürieren, mit Tabasco, Salz und weißem Pfeffer würzen.

3. Für die Jakobsmuscheln das Muschelfleisch mit Küchenkrepp trocken tupfen, jeweils eine Muschel auf einen Holzspieß stecken, die Muscheln dünn mit Öl einpinseln, mit Vanille- salz und Pfeffer würzen und auf jeder Seite ca. 1 Minute grillen.

4. Ersatzweise können Sie die Muscheln auch in einer Grillpfanne in Butter braten.

5. Zum Anrichten den Avocadodip in kleine Gläser füllen und den Muschelspieß hineinstecken. Möglichst heiß servieren.

Gemüsetatar mit Lachs

Zutaten für 4 Personen:

2 Zucchini
2 grüne Paprikaschoten
2 rote Paprikaschoten
4 Tomaten
100 g grüne Bohnen
1 Stange Staudensellerie
400 g Räucherlachs
150 g Crème fraîche
75 ml süße Sahne
Salz, Pfeffer
1 Spritzer Zitronensaft

Zubereitung:

1.) Die Zucchini waschen, putzen und würfeln. Alle Paprikaschoten sowie die Tomaten waschen, halbieren, entkernen und ebenfalls würfeln.

2.) Die Bohnen waschen, putzen, in Stücke schneiden, 2 Minuten in kochendem Salzwasser blanchieren, abgießen, kalt abschrecken und gut abtropfen lassen.

3.) Den Sellerie waschen, putzen und in kleine Würfel schneiden. Den Räucherlachs ebenfalls würfeln.

4.) Die Crème fraîche mit der Sahne glatt rühren und mit Salz, Pfeffer und Zitronensaft abschmecken. Das gesamte Gemüse mit der Marinade verrühren, den Lachs untermengen und nach Belieben in Gläsern angerichtet servieren.

Pochierte Eier mit Kapern, Sardellen und Tomaten

Zubereitung:

1.) Die Rucola waschen, trocken schütteln und grob hacken. Die Tomate einige Sekunden überbrühen, abschrecken, häuten, halbieren, entkernen und grob würfeln.

2.) Die Kapern abtropfen lassen. Die Anchovis abbrausen, trocken tupfen und halbieren. Einen breiten Topf ca. 2,5 cm hoch mit Wasser füllen und erhitzen. 4 feuerfeste Portionsförmchen einfetten.

3.) Die Eier aufschlagen und je 1 Ei in eines der Förmchen geben. Die Förmchen in das heiße Wasser stellen und die Eier 10–12 Minuten stocken lassen.

4.) Die Eier mit Rucola, Tomatenwürfeln, Kapern und Anchovis bestreuen und sofort servieren.

Zutaten für 4 Personen:

einige Rucolablätter
1 Tomate
1 EL kleine Kapern
2 Anchovis, in Öl eingelegt
4 frische Eier
Butter für die Förmchen

Grüner Spargel mit Zitronen-Estragon-Soße

Zutaten für 4 Personen:

800 g grüner Spargel
abgeriebene Schale und Saft von
1 unbehandelten Zitrone
1 EL Butter
2 EL Estragonblätter
300 ml süße Sahne
Salz, weißer Pfeffer

Zubereitung:

1.) Den Spargel waschen, das untere Drittel schälen, die holzigen Enden entfernen und in reichlich Salzwasser 8 Minuten blanchieren. Herausnehmen, abschrecken und abtropfen lassen.

2.) Die Butter erhitzen und die Zitronenschale darin leicht andünsten. Mit Zitronensaft löschen und die Estragonblätter dazugeben. Kurz einkochen lassen, die Sahne hinzufügen und 1–2 Minuten bei geringer Hitze unter Rühren köcheln lassen.

3.) Mit Salz und Pfeffer würzen. Die Sauce durch ein feines Sieb streichen und zum Spargel servieren. Nach Belieben den Spargel mit der Soße in Gläsern anrichten.

Pikante Gemüsespieße

Zutaten für 4 Personen:

1 gelbe Paprikaschote
1 rote Paprikaschote
8 Kirschtomaten
4 Maiskölbchen, aus dem Glas
120 g fester Brie
½ Bund Basilikum
2 EL Weißweinessig
4 EL Olivenöl
Salz, Pfeffer
1 EL fein gehackte Basilikumblätter

Zubereitung:

1.) Die Paprika waschen, putzen, halbieren,
   entkernen, alle weißen Innenhäute entfernen
   und in mundgerechte Stücke schneiden.

2.) Die Tomaten waschen und trocken tupfen.
   Maiskolben abtropfen lassen und halbieren.
   Das Basilikum waschen, trocken schütteln
   und die Blättchen von den Stängeln zupfen.

3.) Den Brie in Würfel schneiden. Das Gemüse
   mit dem Mais und den Basilikumblättern
   auf Spieße aufstecken und jeweils einen
   Briewürfel an die Enden stecken.

4.) Den Essig mit Öl, Salz und Pfeffer verrühren,
   das gehackte Basilikum unterrühren, abschmecken und die Gemüsespieße damit
   einstreichen.

Knusprige Pflaume im Glas

Zutaten für 4 Personen:

300 g Pflaumenmus
150 g Kölln Vollkorn Haferfleks® Knusper-Honig
200 g Schmand
100 g Frischkäse
25 g Zucker
1 Prise Zimt
1 Prise Kardamom
100 ml süße Sahne

Zubereitung:

1.) Den Schmand mit dem Frischkäse, dem Zucker, dem Zimt und dem Kardamom verrühren. Die Sahne steif schlagen und unterheben.

2.) Abwechselnd Pflaumenmus, Creme und Haferfleks in Gläser einschichten und ca. 30 Minuten kalt stellen.

Grüne Wellness-Grütze

Zutaten für 4 Personen:

Für die Grütze:
3 Teebeutel Eukalyptus-Minz-Melisse-Tee,
z. B. von Meßmer „Oase der Frische"
500 g grüne Stachelbeeren (oder Weintrauben)
2 Päckchen klarer Tortenguss
250 ml trockener Weißwein (oder Apfelsaft)
50 g Zucker
ca. 10 Blättchen Minze (oder Melisse)

Für die Vanillecreme:
1 Vanilleschote
250 g Magerquark
250 g Naturjoghurt
2 EL Zucker

Zubereitung:

1. Die Teebeutel mit 400 ml sprudelnd kochendem Wasser aufgießen, 6 Minuten ziehen lassen und dann die Teebeutel entfernen.

2. Die Stachelbeeren waschen und putzen. Tortenguss mit Wein, Tee und Zucker aufkochen, die Stachelbeeren dazugeben, kurz mit erhitzen und abkühlen lassen. Die Minze waschen, fein hacken und dazugeben.

3. Für die Vanillecreme das ausgekratzte Mark einer Vanilleschote, den Quark, den Joghurt und den Zucker verrühren, abwechselnd mit der abgekühlten Grütze in Gläser füllen und servieren.

Fitness-Müsli

4 EL Haferflocken
200 g Knuspermüsli
2 Orangen
2 Bananen

etwas Zitronensaft
150 g Naturjoghurt
¼ TL Anis, gemahlen
1 TL Kardamom, gemahlen

1 TL abgeriebene Schale
von 1 unbehandelten Orange
1 EL Honig

Zubereitung:

1. Die Haferflocken in einer beschich-teten Pfanne rösten und mit dem Knuspermüsli mischen.

2. Die Orangen und Bananen schälen. Die Orangen filetieren. Die Bananen in Scheiben schneiden und mit dem Zitronensaft beträufeln, damit sie nicht braun werden.

3. Den Joghurt mit dem Anis, dem Kardamom, der Orangenschale und dem Honig abschmecken. Den Jo-ghurt mit der Müsli-Mischung, den Bananenscheiben und Orangenfilets in Gläser schichten.

Tipp

Wer's scharf mag, ersetzt Anis und Kardamom durch ¼ Teelöffel Cayennepfeffer.

Knusper-Karamell-Flocken

Zutaten für 4 Personen:

200 g Haferflocken
100 g Zucker
1 TL Anis, gemahlen
1 TL Vanille-Aroma, granuliert,
z. B. von Ostmann
2 Msp. weißer Pfeffer, gemahlen
frische Zitronenmelisse zum
Dekorieren

Für die Mangocreme:
1 reife Mango
250 g Quark, 20 % Fett
60 ml süße Sahne
3 EL Zucker
Mark von ½ Bourbon-Vanilleschote,
z. B. von Ostmann
Saft von 1 Zitrone

Zubereitung:

1. Die Haferflocken in einer beschichteten Pfanne rösten, den Zucker hinzufügen und karamellisieren lassen. Mit dem Anis, dem Vanille-Aroma und dem Pfeffer pikant abschmecken.

2. Die Mango schälen, das Fruchtfleisch vom Stein schneiden und pürieren. Ein paar mundgerechte Mangostücke für die Dekoration zurückbehalten.

3. Den Quark und die Sahne unter das Mangopüree rühren. Die Creme mit dem Zucker, dem Vanillemark und dem Zitronensaft abschmecken.

4. Die Haferflocken abwechselnd mit der Mangocreme in Dessertgläser schichten. Mit den zurückbehaltenen Mango-stücken und Zitronenmelisse dekorieren.

Weißwein-Sorbet mit Mandelaroma

Zutaten für 4 Personen:

125 g Zucker
500 ml fruchtiger Weißwein
5 ml Bittermandelaroma

Zum Dekorieren:
kalifornische Mandelblättchen
Scheiben einer unbehandelten Limone
frische Minzblätter

Zubereitung:

1. 125 ml Wasser mit dem Zucker aufkochen. Den Zucker vollständig darin auflösen und abkühlen lassen. Den Weißwein und das Bittermandelaroma hinzufügen und die Mischung eine Stunde in den Kühlschrank stellen.

2. Die Sorbet-Mischung in einer Eismaschine gefrieren.

3. Die kalifornischen Mandelblättchen in einer beschichteten Pfanne ohne Fett unter ständigem Rühren mit einem Holzspatel anrösten. Achtung: Wenn die Blättchen fertig sind, sofort aus der Pfanne nehmen! Sie bräunen sehr schnell nach und können verbrennen. Anschließend die Blättchen abkühlen lassen.

4. Das Sorbet in einen Spritzbeutel mit Sterntülle füllen und in gekühlte Cocktailgläser spritzen. Mit den gerösteten Mandelblättchen, Limonenscheiben und Minzblättern dekorieren.

Tipp

Gefrieren ohne Eismaschine:
Die Mischung in eine Edelstahlschüssel geben und ein größeres Gefäß mit Eiswürfeln und reichlich Salz füllen. Die Schüssel mit der Sorbet-Mischung so tief in das Gefäß mit den Salz-Eiswürfeln setzen, dass die Salz-Eiswürfel mit der Mischung auf einer Höhe sind. Die Mischung mit einem Schneebesen oder einem Rührgerät auf langsamer Stufe rühren. Bei richtiger Temperatur sollte die Sorbet-Mischung nach kurzer Zeit fest werden.

Tipp

Den Likör und die Früchte kann man je nach Jahreszeit variieren. Im Frühling bieten sich beispielsweise Orangenlikör für die Creme und Erdbeeren zur Dekoration an, im Sommer Pfirsichlikör und Pfirsichspalten.

Kir-Royal-Creme

Zutaten für 4 Personen:

½ Blatt rote Gelatine
100 ml schwarzer Johannisbeersaft
2 cl Cassis-Likör
1 ¼ Blatt helle Gelatine
200 g Naturjoghurt, 3,5 % Fett
Saft von 1 Zitrone
40 g Zucker
120 ml süße Sahne

Zum Dekorieren:
Zucker
Johannisbeer-Rispen
frische Zitronenmelisse

Zubereitung:

1.) Rote Gelatine in kaltem Wasser nach Packungsanweisung einweichen und quellen lassen. Etwas Johannisbeersaft erwärmen und die ausgedrückte Gelatine darin auflösen. Den restlichen Johannisbeersaft und den Likör unterrühren. Die Mischung in vier Dessertgläser füllen und im Kühlschrank erstarren lassen.

2.) Helle Gelatine nach Packungsanweisung in kaltem Wasser einweichen und quellen lassen. Den Joghurt mit dem Zitronensaft und dem Zucker verrühren. Gelatine leicht ausdrücken und vorsichtig im Wasserbad schmelzen lassen, sodass sie nicht zu heiß wird. Die Gelatine unter den Joghurt rühren.

3.) Die Sahne steif schlagen. Ein Viertel der Sahne für die Dekoration zurückbehalten. Die restliche Sahne unter den Joghurt heben. Die Creme in die gekühlten Dessertgläser füllen und nochmal kühl stellen.

4.) Die zurückbehaltene Sahne mit einem Spritzbeutel mit Lochtülle auf die Creme spritzen. Creme mit in Zucker gewälzten Johannisbeer-Rispen und Zitronenmelisse dekorieren.

Erdbeeren mit Mokkacreme

Zutaten für 3 Personen:

400 g Erdbeeren
4 EL Puderzucker
2 EL Marsala
250 g Mascarpone
250 ml Rama Cremefine zum Schlagen
3 EL Mokkalikör
75 g Cantuccini-Kekse
frische Minze

Zubereitung:

1.) Die Erdbeeren waschen, trocken
tupfen, 2 Erdbeeren zur Dekoration
beiseitelegen und den Rest würfeln.
2 EL Puderzucker und den Marsala
verrühren, die gewürfelten Erdbeeren
dazugeben und ca. 30 Minuten marinieren.

2.) Den Mascarpone, die Cremefine,
den restlichen Puderzucker und
den Mokkalikör mit den Quirlen
eines Handrührers ca. 3 Minuten
auf höchster Stufe verrühren. Die
Cantuccini grob zerteilen.

3.) Alle Zutaten abwechselnd in hohe
Gläser schichten, beginnend mit den
Früchten, dann die Creme und die
Cantuccini. Die Reihenfolge wieder-
holen. Mit Minze dekoriert servieren.

Erdbeer-Minzmousse

Zutaten für 4 Personen:

3 Blatt Gelatine
250 ml Rama Cremefine zum Schlagen
500 g Erdbeeren
60 g Zucker
1 Zweig Minze

Zubereitung:

1. Die Gelatine in kaltem Wasser einweichen. Cremefine mit den Quirlen eines
   Handrührers steif schlagen und abgedeckt kalt stellen.

2. Erdbeeren putzen, waschen und eine
   Hälfte mit dem Zucker mit einem
   Pürierstab pürieren. Die restlichen
   Erdbeeren in Scheiben schneiden.

3. Minzeblättchen von den Stielen zupfen
   und fein schneiden. Das Erdbeermark
   erwärmen (nicht Kochen) und die
   ausgedrückte Gelatine darin auflösen.
   Minze unterrühren und nun die auf-
   geschlagene Cremefine unterheben.

4. Die erste Hälfte der Mousse auf vier
   Whiskygläser verteilen. Darauf die
   Erdbeerscheiben verteilen und mit der
   zweiten Hälfte der Mousse abschließen.

5. Mit einer Erdbeerscheibe und etwas
   Minze garniert servieren.

Rhabarber-Tiramisu

Zutaten für 4 Personen:

150 ml Rama Cremefine zum Schlagen
250 g Mascarpone
4 EL Zucker
50 ml Amaretto
500 g Rhabarber
100 g Löffelbiskuit

Zubereitung:

1. Cremefine mit den Quirlen des Handrührers aufschlagen. Mascarpone mit 2 EL Zucker und 25 ml Amaretto verrühren. Cremefine unterheben und die Creme kühl stellen.

2. Rhabarber putzen und in ca. 2,5 cm lange Stücke schneiden. In eine Auflaufform legen, mit 2 EL Zucker bestreuen, 50 ml Amaretto darübergeben und im vorgeheizten Backofen bei 200 °C (Umluft 175 °C) ca. 30 Minuten backen. Etwas abkühlen lassen.

3. Löffelbiskuits grob zerbrechen und in eine Schale geben. Rhabarber mit dem entstandenen Saft darübergeben (evtl. noch mit etwas Amaretto beträufeln) und ganz abkühlen lassen. Die Mascarponecreme darauf verteilen und mit Kakao bestreut servieren.

Milchreis-Beeren-Leuchtturm

Zutaten für 4 Personen:

1 Beutel Milchreis
250 ml Kirschsaft
3 EL Speisestärke, z. B. von Mondamin
70 g Zucker
300 g Beerenmischung
4 g Baiser

Zubereitung:

1.) Den Milchreis nach Packungsanweisung zubereiten.

2.) Für die rote Grütze die Speisestärke mit 6 EL Kirschsaft verrühren. Den restlichen Kirschsaft mit Zucker aufkochen, die Speisestärke einrühren und unter Rühren aufkochen. Die Beerenmischung zugeben und nochmals kurz aufkochen, leicht abkühlen lassen.

3.) Den Milchreis und die rote Grütze abwechselnd in hohe Gläser (ca. 250 ml) schichten, mit dem Milchreis beginnen und mit der roten Grütze enden. Eine Baiserrosette als Abschluss auf die Grütze setzen – fertig ist der Leuchtturm. Nach Belieben mit Eisschirmchen dekoriert servieren.

Kirschen
mit Marzipanschaum

Zutaten für 4 Personen:

Für die Kirschen:
500 g Kirschen (z. B. Süßkirschen)
60 g Zucker
2 EL Johannisbeergelee
Saft von 1 Zitrone

Für den Marzipanschaum:
80 g Marzipan
80 ml trockener Weißwein
40 g Zucker
250 ml Rama Cremefine zum Schlagen

Zum Garnieren:
geröstete Mandelblättchen

Tipp

Ist die Marzipan-Masse einmal eingetrocknet oder bröselig, einfach für etwa 30 Sekunden bei ca. 500 Watt in die Mikrowelle legen und schon ist sie wieder weich und kann weiter verarbeitet werden.

Zubereitung:

1.) Die Kirschen waschen und entsteinen. Mit dem Zucker, dem Johannisbeergelee und 100 ml Wasser in einen Topf geben und aufkochen lassen.

2.) Den Topf von der Herdplatte nehmen und die Kirschen zugedeckt ca. 15 Minuten ziehen lassen. Mit 1 EL Zitronensaft abschmecken und abkühlen lassen.

3.) Das Marzipan klein schneiden. Mit dem Weißwein, dem Zucker und dem restlichen Zitronensaft in eine hohe Rührschüssel geben und mit einem Pürierstab fein pürieren. Für ca. 30 Minuten kühl stellen.

4.) Die Cremefine nach und nach mit den Rührbesen eines Handrührgerätes unter die kalte Marzipanmasse schlagen, bis eine cremigschaumige Masse entsteht.

5.) Die Kirschen auf Gläser verteilen und den Marzipanschaum daraufgeben.

6.) Mit den gerösteten Mandelblättchen bestreuen und servieren.

Kirsch-Schichtspeise mit Pumpernickel

Zutaten für 4 Personen:

1 l Milch, z. B. Weihenstephan Haltbare Alpenmilch
3,5 oder 1,5 % Fett
5 EL Zucker
1 Döschen Safran (= 0,4 g)
90 g Hartweizengrieß
120 g Pumpernickel
6 EL Amaretto
300 g Kirschen, aus dem Glas
2 TL Speisestärke
frische Zitronenmelisse zum Dekorieren

Tipp

Safran dient als Färbemittel. Damit sich die gelbe Farbe gleichmäßiger in der Speise verteilt, sollte man ihn in etwas heißem Wasser auflösen. Da Safran sehr lichtempfindlich ist, ist es empfehlenswert, ihn dunkel und in einem gut verschließbaren Gefäß aufzubewahren.

Zubereitung:

1. Die Milch mit drei Esslöffeln Zucker und dem Safran aufkochen. Den Grieß mit einem Schneebesen hineinrühren und den Grießbrei langsam fertig garen.

2. Den Pumpernickel fein hacken und mit dem Amaretto tränken. Die Kirschen in ein Sieb schütten, abtropfen lassen und den Saft auffangen.

3. Die Speisestärke mit ein paar Esslöffeln Kirschsaft verrühren. Den restlichen Saft und den Zucker zusammen aufkochen und mit der angerührten Speisestärke binden.

4. Die Kirschen hinzufügen und gut abkühlen lassen. Ein paar Kirschen für die Dekoration zurückbehalten.

5. Den Grieß abwechselnd mit den Kirschen und dem Pumpernickel in Gläser schichten. Etwas Pumpernickel für die Dekoration zurückbehalten. Mit einer Grießschicht abschließen.

6. Die Schichtspeisen mit dem zurückbehaltenen Pumpernickel, den Kirschen und der Zitronenmelisse dekorieren.

Kirsch-Mascarpone-Dessert

Zutaten für 6 Personen:

Für die Kirschen:
350 g Schattenmorellen im Glas
300 ml Kirschsaft
30 g Speisestärke
100 g Zucker

Für die Creme:
500 g Mascarpone
500 g Naturjoghurt
25 ml Kirschwasser
2 Päckchen Vanillezucker
50 g Zucker

Zum Dekorieren:
etwas süße Sahne
Schokoladenornamente

Zubereitung:

1.) Die Schattenmorellen in ein Sieb schütten und den Saft auffangen. Ca. 50 ml Kirschsaft mit einem Schneebesen zusammen mit der Speisestärke klumpenfrei verrühren.

2.) Den Zucker mit dem restlichen Saft in einem Topf zum Kochen bringen. Die Speisestärkemasse mit dem Schneebesen hineinrühren und nochmal kurz aufkochen lassen. Die Schattenmorellen hinzufügen.

3.) Den Mascarpone mit einem Handrührgerät ca. fünf Minuten stark schaumig schlagen. Nach und nach alle weiteren Zutaten für die Creme hinzufügen und miteinander verrühren.

4.) Die Creme in einen Spritzbeutel mit Lochtülle füllen und abwechselnd mit der Kirschmasse in Gläser schichten.

5.) Die Desserts ca. eine Stunde im Kühlschrank kalt stellen. Kurz vor dem Servieren die Sahne steif schlagen. Jedes Glas mit einem Sahnetupfen und einem Schokoladenornament dekorieren.

Joghurt mit Knusperflocken und Aprikosenmus

Zutaten für 4 Personen:

2 EL Sonnenblumenöl
2 EL Malzsirup
1 EL Honig
150 g Haferflocken
80 g gehackte kalifornische Mandeln
1 EL Sesam
Öl für das Backblech
150 g Aprikosen aus der Dose
250 g Naturjoghurt

Zubereitung:

1. Den Backofen auf 180 °C (Umluft 160 °C) vorheizen. Das Öl, den Malzsirup und den Honig in einer Pfanne erhitzen, bis die Mischung dünnflüssig wird.

2. Die Haferflocken, die kalifornischen Mandeln und den Sesam unter die Mischung rühren. Alles auf einem mit Öl bestrichenen Backblech 25 bis 30 Minuten im Backofen rösten. Immer wieder wenden, damit die Mandeln gleichmäßig geröstet werden. Die Knusperflocken abkühlen lassen und zerkrümeln.

3. Die Aprikosen in ein Sieb schütten, abtropfen lassen, entsteinen und das Fruchtfleisch zerdrücken. Ein paar Aprikosenstückchen für die Dekoration zurückbehalten.

4. Jeweils einen Löffel Aprikosenmus in Gläser füllen. Je zwei Esslöffel Joghurt darauf verteilen und mit der Hälfte der Knusperflocken bestreuen. Danach das restliche Aprikosenmus und den restlichen Joghurt in die Gläser schichten.

5. Die Desserts mit den restlichen Knusperflocken bestreuen. Mit den zurückbehaltenen Aprikosenstückchen dekorieren und gekühlt servieren.

Tipp

Es sind Knusperflocken übrig? In einem luftdicht verschlossenen Gefäß halten sie sich einige Tage und können für andere leckere Desserts oder Müslis verwendet werden.

Erdbeer-Eissoufflé

Zutaten für 8 Personen:

7 Eigelb, 250 g Zucker
3 Blatt weiße Gelatine, Saft von 1 Zitrone
⅛ l trockener Weißwein
4 Eiweiß, ⅜ l süße Sahne
200 g pürierte, passierte Erdbeeren

Außerdem:
8 Souffléförmchen à 120 ml Inhalt
Kakaopulver zum Dekorieren

Zubereitung:

1. Aus doppelt zusammengelegtem Pergament-
papier acht Manschetten schneiden, die 4–5 cm
über den Rand der Förmchen ragen. Die Manschetten um die Förmchen legen, oben und un-
ten mit Klebestreifen fixieren und kühl stellen.

2. Eigelb mit 125 g Zucker schaumig schlagen.
Die Gelatine nach Packungsanweisung in kal-
tem Wasser einweichen, auflösen und unter die
Eigelbmasse rühren. Masse im heißen Wasser-
bad unter ständigem Rühren leicht andicken und
aus dem Wasserbad nehmen. Den durchgesieb-
ten Zitronensaft und den Wein unterrühren.
Masse in einer großen Rührschüssel in den
Kühlschrank stellen, bis sie eine sirupartige
Konsistenz erreicht hat.

3. Das Eiweiß zu Schnee schlagen. Dabei den restlichen Zucker bis auf einen Esslöffel hinein-
rieseln lassen. Den Eischnee vorsichtig unter
die Eigelbmasse heben. Die Sahne mit dem
übrigen Esslöffel Zucker steif schlagen und
unter die Creme ziehen.

4. Die Creme halbieren. Unter die eine Hälfte
das Erdbeerpüree rühren und in die Förmchen
füllen. Die andere Hälfte der Creme darüber-
gießen und glatt streichen. Die Förmchen über
Nacht gefrieren lassen.

5. Manschetten entfernen und die Oberfläche der
Soufflés mit gesiebtem Kakaopulver bestäuben.
Die Eissoufflés in den Förmchen servieren.

Tipp

Dazu passt ein Obst-
salat aus Erdbeeren
und Kiwis.

Grieß-Beeren-Traum

Zutaten für 4 Personen:

750 ml Milch
1 Prise Salz
4 Päckchen Vanillezucker
2 EL Zucker
100 g Weichweizen-Grieß, z. B. von Goldpuder
1 EL Butter
100 ml süße Sahne
250 g Himbeeren

Zum Dekorieren:
4 EL Schokoladen-Waffel-Gebäck,
z. B. Chocolate Chips
frische Zitronenmelisse

Zubereitung:

1. Die Milch, das Salz, drei Päckchen Vanillezucker und den Zucker zusammen aufkochen.

2. Den Grieß hineinrühren und bei geschlossenem Deckel ca. zehn Minuten quellen lassen. Die Butter untermischen und den Grießbrei abkühlen lassen.

3. Die Sahne mit dem restlichen Vanillezucker steif schlagen und unter den Grießbrei mischen.

4. Die Himbeeren verlesen und abwechselnd mit dem Sahne-Grießbrei in Gläser schichten. Die Desserts mit dem Schokoladen-Waffel-Gebäck und Zitronenmelisse dekorieren.

Erdbeertraum

Zutaten für 4 Personen:

250 g Erdbeeren
60 g Zucker
200 ml süße Sahne
1 Päckchen Vanillezucker
250 g Quark, 40 % Fett
8 Schokoladenstäbchen zum Dekorieren

Zubereitung:

1.) Die Erdbeeren waschen und putzen. Vier der Früchte für die Dekoration zurückbehalten. Die restlichen Erdbeeren mit 20 g Zucker pürieren.

2.) Die Sahne mit dem Vanillezucker steif schlagen. Den restlichen Zucker in den Quark rühren. Die Sahne vorsichtig unter den Quark heben.

3.) Das Erdbeerpüree portionsweise in die Quarkmasse laufen lassen. Achtung: Auf keinen Fall umrühren, damit die schöne saubere Marmorierung nicht verschwindet! In Dessertgläser geben und auch bei diesem Vorgang nicht rühren, sonst vermischt sich das Erdbeerpüree mit dem Quark zu einem Rosa-Farbton.

4.) Die Desserts bis zum Servieren kalt stellen. Mit je einer von den zurückbehaltenen Erdbeeren und zwei Schokoladenstäbchen dekorieren.

Tipp

Die Erdbeeren lassen sich gut durch anderes Beerenobst, das zu Mus verarbeitet werden kann, ersetzen.

Käsekuchen mit Lavendel

Zutaten für 4 Personen:

Für den Boden:
6 Löffelbiskuits
1 EL getrocknete Lavendelblüten

Für die Creme:
200 g Magerquark
50 g Naturjoghurt
1 ½ EL Vanillesirup
50 g Zucker
100 ml süße Sahne

Zum Dekorieren:
Minzeblätter
frische Lavendelblüten

Zubereitung:

1. Die Löffelbiskuits im Mixer zu feinen Bröseln verarbeiten, in eine Schüssel geben und mit den getrockneten Lavendelblüten mischen.

2. Die Schüssel gut verschließen und die Brösel 2–3 Stunden ziehen lassen, am besten über Nacht.

3. Für die Creme den Quark mit dem Joghurt, dem Vanillesirup und dem Zucker verrühren. Die Sahne steif schlagen und nach und nach unter den Quark heben. In den Kühlschrank stellen und nochmal gut kühlen.

4. Kurz vor dem Servieren die aromatisierten Löffelbiskuitbrösel auf 4 Dessertgläser verteilen (eventuell die getrockneten Blüten entfernen), jeweils mit der Creme bedecken und mit frischen Lavendelblüten und Minzeblättern garniert servieren.

Erdbeeren mit Pistazien-Grieß-Soße

Zutaten für 4 Personen:

500 g Erdbeeren
4 EL Zucker
625 ml fettarme Milch
Mark von 2 Vanilleschoten
1 Msp. abgeriebene Schale von 1 unbehandelten Zitrone

30 g Weichweizen-Grieß, z. B. von Goldpuder
100 ml süße Sahne
5 EL gehackte Pistazien
frische Minzblätter zum Dekorieren

Zubereitung:

1.) Die Erdbeeren waschen, putzen und vierteln. Mit zwei Esslöffeln Zucker bestreuen und kurz kalt stellen.

2.) Die Milch aufkochen. Das Vanillemark, die Zitronenschale, den restlichen Zucker und den Grieß hinzufügen. Bei schwacher Hitze unter ständigem Rühren ca. fünf Minuten quellen und abkühlen lassen.

3.) Die Sahne steif schlagen und mit vier Esslöffeln gehackte Pistazien unter die Grießsoße heben.

4.) Die Erdbeerviertel in Gläser füllen und mit der Soße beträufeln. Die Desserts mit den restlichen Pistazien und den Minzblättern dekorieren.

Erdbeer-Buttermilch-Creme

Zutaten für 4 Personen:

1 Packung Paradiescreme Erdbeer ohne
Kochen, z. B. von Dr. Oetker
500 ml Frucht-Buttermilch Erdbeere,
z. B. von Weihenstephan
200 g Frischer Fruchtquark Erdbeere,
z. B. von Weihenstephan
200 g Erdbeeren
100 g zerkleinerte Löffelbiskuits
frische Minzblätter zum Dekorieren

Tipp

Mit Himbeer-Fruchtbuttermilch, Himbeerquark,
Himbeer-Paradiescreme und frischen Himbeeren
kann das Rezept ganz einfach variiert werden.
Auch gehobelte und geröstete Mandeln sind eine
schöne Dekoration.

Zubereitung:

1. Die Paradiescreme nach Packungsanweisung zubereiten. Dabei aber anstelle der Milch die Frucht-Buttermilch
verwenden. Anschließend die Masse
mit dem Fruchtquark vermischen.

2. Die Erdbeeren waschen, putzen und in
kleine Stücke schneiden. Die Hälfte der
Erdbeerstücke in Gläser füllen und mit
der Hälfte der Buttermilchcreme bedecken. Die zerkleinerten Löffelbiskuits
darüberstreuen.

3. Die restlichen Erdbeerstücke und zum
Schluss die restliche Buttermilchcreme
darüberschichten. Die Desserts mit
Minzblättern dekorieren.

Orangen-Traum

Zutaten für 4 Personen:

200 ml Milch

200 ml süße Sahne

1 Päckchen Vanillepudding-
pulver

2 EL Zucker

200 g Schmand

4 Orangen

4 cl Orangenlikör

4 Physalis

1 Packung Bahlsen Amato
(= 100 g)

Zubereitung:

1. Aus der Milch, der Sahne, dem Pud-
dingpulver und dem Zucker nach Packungsanweisung einen Pudding zubereiten. Den Schmand unterrühren
und die Creme kalt stellen.

2. Die Orangen schälen, die Filets he-
rausschneiden und mit dem Likör
marinieren. Die Physalis waschen
und trocken tupfen.

3. Das Amato-Gebäck in kleine Stücke
schneiden und abwechselnd mit der
Creme und den Orangenfilets in
Dessertgläser füllen. Die Desserts
mit je einer Physalis dekorieren.

Tipp

Den Orangenlikör kann
man auch durch Oran-
gensaft ersetzen.

Lebkuchen-Leckerei

Zutaten für 4 Personen:

200 g Lebkuchen mit Schokoladenüberzug
1 Dose Ananasstücke (= 580 ml)
200 ml süße Sahne
500 g Quark, 20 % Fett
3 EL Kokoscreme
200 g Nutella

Zum Dekorieren:
etwas Nutella
frische Zitronenmelisse

Zubereitung:

1. Die Lebkuchen in mundgerechte Stücke schneiden und die Hälfte in Dessertgläser füllen.

2. Die Ananasstücke in ein Sieb schütten, abtropfen lassen und ein paar für die Dekoration zurückbehalten. Die Hälfte der Ananasstücke auf den Lebkuchenstücken verteilen.

3. Die Sahne steif schlagen. Den Quark mit der Kokoscreme, dem Nutella und der Sahne verrühren. Die Hälfte der Creme in die Gläser füllen.

4. Die restlichen Lebkuchen- und Ananasstücke abwechselnd mit der restlichen Creme in die Gläser schichten. Mit Creme abschließen.

5. Die Desserts mit den zurückbehaltenen Ananasstücken, etwas erhitztem, flüssigem Nutella und Zitronenmelisse dekorieren.

Cranberry-Knuspertörtchen

Zutaten für ca. 8 Stück:

Für den Teig:
100 g frische Cranberrys
250 g Pflaumenmus
2 EL Rum
220 g Mehl Type 405, z. B. von Aurora
1,5 EL Kakaopulver
1 Päckchen Backpulver
125 g weiche Butter
120 g Zucker
1 Päckchen Vanillezucker
3 Eier (Größe M)
50 g Haselnüsse, fein gerieben
etwas abgeriebene Zitronenschale
1 Päckchen Lebkuchengewürz
75 ml Milch

Für die Dekoration:
50 g Zucker
2 EL Wasser
100 g grob gehackte Walnüsse
75 g dunkle Kuvertüre

Außerdem:
8 feuerfeste Glasförmchen (ca. 135 ml Inhalt)
Butter zum Einfetten

Zubereitung:

1.) Die Glasförmchen mit Butter einfetten. Die Cranberrys mit dem Pflaumenmus und dem Rum verrühren und gleichmäßig auf die vorbereiteten Förmchen verteilen.

2.) Für den Teig das Mehl mit Kakaopulver und Backpulver mischen und sieben. Die weiche Butter mit Zucker und Vanillezucker leicht schaumig rühren. Die Eier nach und nach unterrühren. Dann die restlichen Zutaten dazugeben und gut vermischen.

3.) Den Teig auf die Förmchen verteilen und auf einem Backblech im vorgeheizten Ofen für ca. 30–35 Minuten auf mittlerer Schiene backen. Anschließend die Törtchen vollständig auskühlen lassen.

4.) Für die karamellisierten Walnüsse Zucker und Wasser in eine kleine Pfanne geben und gut einkochen lassen, bis sich die Flüssigkeit etwas verdickt hat. Die Walnüsse in einer separaten Pfanne kurz anrösten und anschließend zu der Zuckermischung geben.

5.) Wenn der Zucker etwas auskristallisiert, einfach weiter rühren, bis er sich wieder auflöst und goldgelb karamellisiert. Die karamellisierten Nüsse auf ein mit Backblech belegtes Blech geben und auskühlen lassen.

6.) Für die Dekoration die Kuvertüre vorsichtig erwärmen, die Törtchen damit überziehen und mit den karamellisierten Nüssen bestreuen.

Amarena-Lebkuchen-Dessert

Zutaten für 4 Personen:

1 Packung Lebkuchen Edelherb (= 175 g), z. B. Jupiter
3 Eigelb
40 g Zucker
2 EL Vanillezucker
250 g Naturjoghurt
250 g Quark, 20 % Fett
2 Blatt weiße Gelatine
ca. 4 EL Amarenakirschsaft
4 Amarenakirschen zum Dekorieren

Zubereitung:

1.) Die Lebkuchen in kleine Stücke schneiden. Die Eigelbe mit dem Zucker und dem Vanillezucker im heißen Wasserbad schaumig aufschlagen. Aus dem Wasserbad nehmen und den Joghurt sowie den Quark vorsichtig unterziehen.

2.) Die Gelatine nach Packungsanweisung in kaltem Wasser einweichen und auflösen. Unter die Creme rühren und leicht angelieren lassen.

3.) Die Creme und drei Viertel der Lebkuchenstücke abwechselnd mit dem Kirschsaft in Gläser schichten. Ca. 30 Minuten kalt stellen.

4.) Die Desserts mit je einer Amarenakirsche und den restlichen Lebkuchenstücken dekorieren.

Tipp

Beim Auflösen der Gelatine muss man darauf achten, dass sie niemals kocht, denn sonst wird sie nicht fest. Wenn die Gelatine Kühlschrank-Temperatur erreicht hat, wird sie fest.

Orangen-Lebkuchen-Creme

Zutaten für 4 Personen:

Für die Creme:
250 g Quark, 20 % Fett
250 g Mascarpone
60 ml Orangensaft
abgeriebene Schale von
½ unbehandelten Orange
80 g Zucker
1 EL Vanillezucker
Mark von 1 Vanilleschote
½ TL Zimt, gemahlen

Außerdem:
1 Packung Schokoladenlebkuchen,
z. B. Contessa (= 200 g)

Zubereitung:

1. Für die Creme alle Zutaten mischen, glatt rühren und in einen Spritzbeutel mit Sterntülle füllen.

2. Die Lebkuchen in mundgerechte Stücke schneiden. Zwei Lebkuchen für die Dekoration zurückbehalten. Die Lebkuchen-Stücke in Dessertgläser füllen. Die Creme daraufspritzen und gekühlt ca. eine Stunde durchziehen lassen.

3. Die zurückbehaltenen Lebkuchen in Streifen schneiden und die Desserts damit dekorieren.

Power-Drink

Zutaten für 4 Personen:

500 g Quark, 20 % Fett
½ l Orangensaft
4 EL Nutella
4 Blüten zum Dekorieren

Zubereitung:

1.) Den Quark mit dem Orangensaft verrühren und in Gläser füllen.

2.) Je einen Esslöffel Nutella hinzufügen, leicht verrühren und die Power-Drinks mit jeweils einer Blüte dekorieren.

Limoncello-Shake

Zutaten für 4 Personen:

1 unbehandelte Zitrone
4 Kugeln Joghurt- oder Zitronen-Eis
800 g Trinkjoghurt
8 EL Limoncello-Zitronenlikör
2 EL Zucker
4 Veilchenblüten zum Dekorieren

Tipp

Auch mit frischer Minze kann man den Limoncello-Shake schön dekorieren. Wer mag, kann die Zitrone auch in dünne Scheiben schneiden und als Dekoration in den Shake geben.

Berry-Shake

Zutaten für 4 Personen:

250 g gemischte TK-Beeren
200 g Naturjoghurt
300 ml Milch
1 ½ Päckchen Vanillezucker
50 ml süße Sahne
5 EL Nutella
4 Erdbeeren zum Dekorieren

Tipp

Für einen tollen Zuckerrand gibt man
etwas Nutella und Zucker jeweils auf
eine Untertasse, taucht die Gläser
kopfüber zuerst in das Nutella, dann
in den Zucker und dreht sie vorsichtig.

Zubereitung:

1.) Die Zitrone waschen, trocken reiben und
mit einem Zestenreißer Streifen von der
Schale ziehen.

2.) Das Eis in kleine Stücke schneiden
und mit dem Trinkjoghurt, dem Likör
und dem Zucker im Mixer fein pürieren.

3.) Den Shake in Gläser füllen, die Zitronen-
zesten hineinrühren und mit je einer
Veilchenblüte dekorieren.

Zubereitung:

1.) Die Beeren mit dem Joghurt und 200 ml
Milch pürieren. Mit dem Vanillezucker abschmecken.

2.) Die restliche Milch mit der Sahne und dem
Nutella schaumig schlagen.

3.) Den Beeren-Shake und die Nutella-Milch
abwechselnd in Gläser füllen. Eventuell
die einzelnen Schichten zwischendurch
anfrieren lassen.

4.) Die Erdbeeren waschen und putzen und
die Gläser mit je einer Erdbeere dekorieren.

Melonen-Cocktail

Zutaten für 4 Personen:

300 g Melone, z. B. Cantaloupe
500 g Naturjoghurt
2 EL 7-Kräuter-Essig, z. B. Kühne Surol
2 EL Honig

Zubereitung:

1. Vier mundgerechte Melonenstücke für die Dekoration zurückbehalten und das restliche Fruchtfleisch pürieren.

2. Den Joghurt mit dem Essig und dem Honig verrühren. 200 g von dem Melonenpüree hinzufügen und kalt stellen.

3. Das restliche Melonenpüree in Gläser füllen und mit dem Joghurtcocktail aufgießen.

4. Die Cocktails mit je einem der zurückbehaltenen Melonenstücke dekorieren. Nach Wunsch mit Trinkhalmen servieren.

Bananen-Sand-dorn-Shake

Zutaten für 4 Personen:

2–3 reife Bananen, 1 l Haltbare Alpenmilch, z. B.
von Weihenstephan 1,5 oder 3,5 % Fett
20 EL Sanddornmark

Zum Dekorieren:
4 Holzspießchen
Früchte nach Wunsch
frische Zitronenmelisse

Zubereitung:

1. Die Bananen schälen und zerkleinern. Mit
   der Milch und dem Sanddornmark im Mixer
   kräftig durchmixen.

2. Den Shake in Gläser füllen und die Gläser
   mit Früchtespießchen und Zitronenmelisse
   dekorieren.

Tipp

Ein paar zerstoßene Eiswürfel geben
dem Shake in der heißen Jahreszeit
die besondere Frische.

Eierlikör-Cocktail

Zutaten für 4 Personen:

8 cl Eierlikör
2 EL Nutella
4 EL steif geschlagene süße Sahne

Zum Dekorieren:
4 Gebäckröllchen
Johannisbeer-Rispen

Zubereitung:

1. Den Eierlikör in Cocktailgläser füllen. Das Nutella hand-
   warm mit einem Schneebesen cremig rühren und mit
   einem Esslöffel vorsichtig über den Eierlikör schichten.

2. Die Gläser mit der Sahne auffüllen. Mit je einem Gebäckröllchen und ein paar Johannisbeer-Rispen dekorieren.

Register

© 2008 design cat GmbH

Genehmigte Lizenzausgabe
EDITION XXL GmbH
Industriestraße 19
64407 Fränkisch-Crumbach 2015
www.edition-xxl.de

Idee und Projektleitung: Sonja Sammüller
Layout, Satz und Umschlaggestaltung:
design cat GmbH

ISBN (13) 978-3-89736-062-4
ISBN (10)   3-89736-062-4

Bildnachweis

Wir danken folgenden Firmen für ihre
 freundliche Unterstützung:
Almond Board of California 52, 63
Aurora 73
Ketchum GmbH, München
– Bergader Privatkäserei 28–29
Landesvereinigung der Bayerischen
 Milchwirtschaft 13, 53, 64, 76, 77
Molkerei Weihenstephan 79, 61, 69
Peter Kölln KGaA, Elmshorn 10, 48
The Food Professionals Köhnen AG,
 Sprockhövel
– Bahlsen 70, 74, 75
– Fuchs 50
– Goldpuder 65, 68
– Kühne Surol 78
– Leerdammer 16, 21, 17, 27
– Meßmer 49
– Nutella 71, 76, 77, 79
– Ostmann 51
– Uncle Ben's 20

Unilever Deutschland GmbH, Hamburg
– Knorr 42
– Mondamin 57
– Rama 54, 56

Picture-alliance:

StockFood/Eising Studio – Food Photo &
Video 9; StockFood/Rivière, Jean-Francois
11; StockFood/Shooter, Howard 12; Stock-
Food/Caste, Alain 15, 40; StockFood/Schwarz-
wald, Oliver 19; StockFood/Schanz, Susanne
22; StockFood/Fotos mit Geschmack 25;
StockFood/Schwabe, Kai 31; StockFood/
Teubner Foodfoto GmbH 39; StockFood/
Lanneretonne, Anthony 41; StockFood/Lin-
deblad, Matilda 43, 46, 67; StockFood/Rad-
vaner, Bernard 44; StockFood/Deimling-
Ostrinsky, Achim 45; StockFood/BBS 47

Alle weiteren Fotos: design cat GmbH